Achtsamkeit für Anfänger

Wie Sie durch gezieltes Achtsamkeitstraining Stress reduzieren, Emotionen kontrollieren und mehr Glück verspüren

inkl. Leitfragen zur Selbstreflexion und Tipps zur Selbstmotivation

Johanna Frei

INHALT

Das erwartet Sie in diesem Ratgeber

Ab sofort positives Denken mit bewusstem Handeln verbinden; diese beiden Komponenten standhaft in den eigenen Alltag zu integrieren und somit eine transformierende und erfüllende Lebensqualitätsverbesserung zu erfahren – mithilfe kleiner Schritte.

Klingt teilweise unglaubwürdig und leichter gesagt als getan? Keine Sorge. Der kleine Funken Hoffnung in Ihnen, der sich beim Anblick dieses Buchtitels magisch angezogen fühlte, hat recht. Ihr Bauchgefühl applaudiert gerade in diesem Moment, dafür, dass Sie auf die flüsternde Stimme Ihres Herzens gehört haben und nun hier gelandet sind. Sie dürfen dieses Mal ausnahmslos an Ihrer sehnsüchtigen Annahme, das Leben könne doch um einiges einfacher und beschwerdefreier gelebt werden, gern weiterhin festhalten. Doch wie soll das funktionieren? Auch hier gibt es keinen Grund zur Sorge, denn dieser Ratgeber zeigt Ihnen genau die Schritte, die Sie benötigen, um zu Ihrem persönlichen und individuellen Ziel zu gelangen. In den folgenden Kapiteln erhalten Sie nämlich nicht nur ein kompaktes Wissenspaket aus Theorie, sondern zusätzlich eine ausführliche Anleitung zur praktischen Umsetzung zum Thema Achtsamkeit.

Mit verschiedenen Übungen und Fragen zur Selbstreflexion finden Sie unbeirrt für sich heraus, wie Sie aktiv und konsequent Ihr Leben positiv verändern können.

Ein wertvolles Geschenk für Sie, genauer gesagt, für den Teil in Ihnen, der schon lange danach strebt, aus seinem tiefen Schlaf aufgeweckt und befreit zu werden, um in vollen Zügen ausgeschöpft werden zu können.

Dieser Teil in Ihnen repräsentiert Ihr unerschütterliches Potenzial, welches Veränderung, Wachstum, Transformation sowie Herausforderungen des Lebens

eine gewinnbringende Prise Leichtigkeit schenken lernen kann – und dies mithilfe von Dankbarkeit und Lebensfreude.

Achtsamkeit begegnen und kennenlernen

WAS BEDEUTET ES, ACHTSAM ZU LEBEN?

Die moderne Achtsamkeit gehört heutzutage im Bereich der Spiritualität und Persönlichkeitsentwicklung zu den beliebtesten Trends. Viele möchten als achtsam angesehen werden und dementsprechend ein bewusstes Leben führen.

Doch was genau wird unter Achtsamkeit verstanden? Achtsamkeit wird auch als intensive Aufmerksamkeit, die auf die Gegenwart gerichtet wird, definiert. Sehr vielen Menschen fällt dies heutzutage schwer, da sie in das nächtliche Grübeln in Bezug auf die Vergangenheit versinken, welches wiederum Schlafprobleme verursachen kann. Umgekehrt gibt es zahlreiche Menschen, die ihre Zukunft mit hohen Ansprüchen verbinden, wodurch sie sich als produktive und kompetente Persönlichkeiten in der Gesellschaft durchzusetzen haben. Dies endet nicht selten in einer anhaltenden Erschöpfung, genauer gesagt, in einem Burn-out-Syndrom, welches oftmals von Depression und Verzweiflung begleitet wird. Wie Sie diese und weitere schädigende Folgen für Ihre Gesundheit verhindern können, wird auf den kommenden Seiten ausführlich veranschaulicht.

Achtsamkeit bedeutet, neben der vollständigen Empfänglichkeit des jetzigen Momentes und der gewidmeten Gegenwart im Hier und Jetzt, zusätzlich auch, diese unmittelbare Gegenwart vollkommen wertfrei zu beobachten. Wertfrei in dem Sinn, dass Sie gelernt haben, die objektive Wahrnehmung von der rein subjektiven Interpretation zu trennen, sodass Sie sich nur auf das aktuelle Geschehen konzentrieren können. Klingt zu Beginn nicht so einfach, nicht wahr? Aber auch diese Fähigkeit lässt sich durch regelmäßiges Training enorm steigern. Nicht umsonst gibt es das Sprichwort: „Übung macht den Meister". Wer mit einer offenen Haltung und Lernbereitschaft auf die folgenden Informationen des Ratgebers zugreift, kann tiefgreifende Verbesserungen in seiner Lebensqualität erleben. Und dafür sind Sie hier.

Wann war das letzte Mal, dass Sie von Ihren eigenen Gedanken und Gefühlen so stark eingenommen wurden, dass Sie mit Ihrer darauffolgenden Handlung im Nachhinein unzufrieden waren? Wann war Ihnen das letzte Mal die Kraft Ihrer Gedanken bewusst? Und wie oft haben Sie sich gefragt, wie Sie diese Kraft beeinflussen können?

Die objektive Wahrnehmung gilt hierbei nicht nur Ihrer Umwelt und den Situationen im Außen. Ebenfalls ist hierbei auch Ihre persönliche Gedanken- und Gefühlswelt gemeint. Wünschen Sie sich nicht, endlich frei von eingefahrenen und stagnierten Denk-, Glaubens- und Verhaltensmuster zu sein? Ihr Leben selbstbestimmt und aktiv in die eigene Hand zu nehmen? Alltägliches aus einer neuen Perspektive zu betrachten und altgewohnte Routinen zu durchbrechen?

Falls Sie diese Fragen mit einem inneren „Ja!" beantworteten, dann werden Sie sich bewusst, dass durch regelmäßig ausgeführte Achtsamkeitsübungen nicht nur die Fähigkeit entwickelt wird, sich nicht länger mit den eigenen Gedanken und Gefühlen zu identifizieren, sondern auch die Kraft, eher nachteilig auswirkende Strukturen gehen zu lassen, stärker wird. Darüber hinaus lernen Sie durch ein achtsames Leben, Ihren Stresspegel enorm zu senken, da Sie die Dinge nicht mehr zu intensiv bewerten, was normalerweise all die Stresshormone in Ihrem Körper aktiviert. Sie finden dadurch nicht nur friedlicheren Schlaf, sondern können Ihre Arbeit mit gesteigerter Energie und Konzentration vollbringen, Ihre Alltagsgeschehnisse bewusster verarbeiten und zu guter Letzt geduldiger und belastbarer in den Tag starten. Wenn Sie nun endlich einen erhöhten Wahrnehmungs- und Bewusstseinszustand erreicht haben, merken Sie plötzlich, dass achtsam zu leben nicht bedeutet, sich auf das Tempo zu konzentrieren, sondern auf die Ruhe. Sie konzentrieren sich nicht mehr auf das Ziel oder das Ergebnis, sondern auf den Weg und den Prozess. Durch innere Ruhe entsteht Klarheit. Durch Klarheit entsteht Erkenntnis. Diese Erkenntnis bringt Sie zu neuen Möglichkeiten, die sich immer nur im Hier und Jetzt befinden. Und wenn Sie dies verinnerlichen, entsteht die Dankbarkeit in Ihnen. Und Dankbarkeit ist vielleicht der einflussreichste Faktor für ein erfülltes Leben. Sie ändern Ihre negativen Gewohnheiten und fangen an, positiver zu denken, denn Ihr Optimismus steigt, genauso wie Ihr

Selbstbewusstsein und das Wissen um ihre eigenen Stärken und Schwächen. Somit lässt sich zusätzlich sagen, dass durch ein achtsames Leben der innere persönliche Raum sensibler wahrgenommen werden kann. Dies führt zu einer Verstärkung der emotionalen, geistigen sowie körperlichen Verbindung, sodass vernachlässigte Bedürfnisse und versteckte Wünsche leichter an die Oberfläche treten können, um endlich gesehen und angenommen zu werden.

Wer achtsam lebt, weiß, was er will und was er nicht will.

Auch dies fällt vielen Menschen noch sehr schwer, da Sie gelernt und erlaubt haben, die Erwartungen anderer Menschen sowie der Gesellschaft an erste Stelle zu setzen, wodurch sie ihre eigenen Bedürfnisse hinten anstellen lassen. Je länger dies getan wird, desto mehr geht der Zugang zum wahren Selbst verloren. Die Stimmen im Außen können nicht mehr von den Stimmen im Inneren unterschieden werden. Kommt Ihnen das vielleicht bekannt vor? Doch auch das lässt sich durch intuitive Alltagsübungen auflösen und ändern. Denn Ihre innere Stimme zu hören, ist nur eine Frage Ihrer Achtsamkeit.

Lebensenergie statt Müdigkeit. Authentizität statt Maskierung. Akzeptanz statt Zweifel. Frieden statt

Lärm. Liebe statt Angst. Wachstum statt Stagnation.

Wenn Sie sich danach sehnen, vergewissern Sie sich, dass diese Transformation in Ihrem Leben absolut möglich ist und Ihr inneres Potenzial nur darauf wartet, endlich ausgeschöpft zu werden.

ACHTSAMKEIT AUS BUDDHISTISCHER SICHT

Jetzt haben Sie sich die Erklärung von Achtsamkeit etwas näher angeschaut. Doch aus buddhistischer Sicht bedeutet Achtsamkeit nicht nur intensive Aufmerksamkeit, sondern auch bewusste Aufmerksamkeitslenkung, um bestimmte Qualitäten des Geistes zu entfalten und zu verkörpern. Insgesamt gibt es 7 verschiedene geistige Qualitäten, welche im Buddhismus als Grundlage für ein erfülltes Leben gelten.

Die erste Qualität ist der **Anfängergeist.** Damit verbunden sind die freie Erwartungshaltung und die Neugierde, dem Lernprozess des Lebens entgegenzutreten.

Jeden Tag als Lehrling und Anfänger aufzuwachen, steht für eine besondere Tugend aus buddhistischer Perspektive.

Die zweite Qualität ist das **Nicht-Urteilen.** Hier

sind Abstand und Sachlichkeit gefragt, um eine höhere Betrachtungsweise auf das Leben einnehmen zu können, was wiederum zu mehr Unabhängigkeit führt.

Die dritte Qualität ist die **Akzeptanz.** Je mehr Widerstand verspürt wird, desto mehr entstehen Probleme. Hier liegt der Schlüssel im Loslassen, um Situationen so betrachten zu können, wie sie sind.

Die vierte Qualität ist das **Nicht-Streben.** Der einzige Fokus auf die Zukunft und auf Perfektion bringt häufig Unzufriedenheit. Kopflastigkeit entsteht, sodass das Leben im Hier und Jetzt erschwert wird. Geändert werden kann dies, indem der Fokus immer wieder auf den gegenwärtigen Prozess gelenkt wird.

Die fünfte Qualität ist das **Sein-Lassen.** Hierbei geht es darum, schädliche Verhaltensweisen aufzugeben. Negative Denkmuster oder Gewohnheiten können losgelassen werden, was wiederum zu mehr innerer Freiheit führen kann.

Die sechste Qualität ist die **Geduld.** Hier liegt die Lösung in der Gelassenheit und Ausgeglichenheit. Der Alltag kann somit besser verlangsamt werden.

Die siebte Qualität ist das **Vertrauen.** Hier ist es wichtig, der inneren Stimme Gehör zu verschaffen. Das stärkt intuitives und sicheres Handeln.

Der Gründer der modernen Achtsamkeitspraxis,

Jon Kabat-Zinn, fügte außerdem noch zwei weitere Qualitäten hinzu. Zum einen die **Dankbarkeit**, wodurch ein besserer Umgang mit negativen Emotionen gelernt werden kann, und zum anderen die **Großzügigkeit**, die wiederum dafürsteht, seinen Mitmenschen durch Fürsorge und Mitgefühl eine Freude zu bereiten.

Vielleicht können Sie sich einen kurzen Moment Zeit nehmen, um mal etwas tiefer in sich hinein zu spüren. Welche von den geistigen Qualitäten spricht Sie am meisten an? Welche Eigenschaft meinen Sie, zu wenig in Ihrem Alltag und in der Intention Ihrer Handlungen zu spüren? Welcher Wesenszug könnte sich von Ihnen mehr Beachtung wünschen, um mehr Harmonie und Balance im Alltag kreieren zu können? Suchen Sie sich gern ein bestimmtes Merkmal aus und merken Sie sich dieses. Bestimmt gehen Sie mit mehreren Qualitäten in Resonanz. Doch versuchen Sie, sich möglichst auf eine zu beschränken, um Ihren Fokus klarer definieren zu können. Wenn Sie mögen, schreiben Sie sich das Wort gern auf, denn im weiteren Verlauf des Ratgebers kommen wir noch einmal auf die angestrebten Geistesqualitäten zurück.

WARUM IST ACHTSAMKEIT SO WICHTIG?

Besonders Menschen, die geistig anspruchsvolle Berufe ausüben, Kinder mit herausforderndem Verhalten, Personen mit psychosomatischen Beschwerden sowie älteren Zielgruppen mit Beeinträchtigung der kognitiven Leistung könnten von regelmäßiger Achtsamkeitspraxis profitieren. Aber auch vielen Jugendlichen sowie jungen Erwachsenen, die permanent unter Leistungsdruck stehen, kann es helfen, sich achtsame Auszeiten zu nehmen.

Besonders nötig haben es die Personen, die sich mit folgenden Kriterien häufig identifizieren können:

Konzentrationsschwäche, hoher Stress, Trägheit, Unzufriedenheit, mürrische Stimmung, Überforderung, chronische Schmerzen, Lustlosigkeit, anhaltende Müdigkeit, mangelnde Energie, Ängste und Depression, Gedankenkreisen und Grübeln, hohe Beanspruchung, Nervosität, Unruhe, Vergesslichkeit, Zerstreutheit, ...

In der heutigen Zeit, in der Faktoren wie Stress, Hektik und Lärm zur Normalität geworden sind und der ständige Trubel im Außen zur geistigen Ablenkung führt, wird es permanent schwieriger, die Ruhe im sogenannten Sturm zu bewahren. Daher ist es immens wichtig, immer wieder Momente im Alltag zu finden, die der Zentrierung des Geistes dienen. Kleine Taten mit großen Auswirkungen spielen hier eine wichtige Rolle. Es sind die kleinen Momente, in denen Sie sich daran erinnern, was wirklich echter Mehrwert in Ihrem Leben bietet und was nicht. Menschen, die zu unbewussten Handlungen neigen, haben es irgendwann in ihrem Leben verlernt, auf ihre innere Stimme zu hören und folgen stattdessen der Wahrheit anderer Menschen, verkörpern die Realität anderer und vergessen, wonach sie wirklich streben. Sie verdrängen viel zu oft die Wahrheit ihres Herzens, nur um akzeptiert zu werden. Sie denken, dass sie durch Roboter-ähnliches Funktionieren und souveräner Anpassung, Anerkennung und Bewunderung erhalten. Menschen, die keinen achtsamen Umgang mit sich selbst gelernt haben, sind daher oft unzufrieden, da sie immer mehr wollen und gleichzeitig nicht einsehen können, dass das, wonach sie sich sehnen, längst in ihnen ist und niemals im Außen gefunden werden kann. Sehr viele Menschen sind auf der ständigen Suche. Eine Suche, die für den Verstand niemals endet. Und wonach genau gesucht wird, weiß niemand so richtig. Doch der Geist sucht nicht, sondern ruht allumfassend in sich.

Durch Achtsamkeit lernen Sie, Ihr Selbstwertgefühl nicht mehr von materiellen Besitztümern und beruflichen Leistungen abhängig zu machen, sondern von Ihrem einfachen Sein-Zustand. Was macht Ihr Herz dauerhaft glücklich? Wann spüren Sie Glückseligkeit? Beim Kauf eines nagelneuen Modells Ihres langersehnten Traumautos? Da wohl nur kurzfristig, nicht wahr? Oder viel mehr bei einem abendlichen Spaziergang an frischer Luft, in Gesellschaft oder auch allein? Wenn das Dämmerungslicht auf Sie scheint und der sanfte Wind durch Ihre Haare weht. Oder in den Momenten, in denen Sie von der Arbeit erschöpft nach Hause kommen und Ihr Hund oder Ihre Kinder, in manchen Fällen sogar alle auf einmal, bereits sehnsuchtsvoll vor der Eingangstür warten und Sie voller Freude und Liebe herzlich empfangen. Natürlich können es auch andere Mitmenschen sein oder Sie selbst, die Sie liebevoll empfangen. Macht sich allein bei der Vorstellung dieser Szenarien ein wohlwollendes Gefühl in Ihnen breit?

Dieses Gefühl ist ein Wegweiser, denn Ihr Herz geht dort auf, wo Sie Ihre Heimat verspüren. Alles, was Sie an Ihre Heimat erinnert, macht glückselig. Der

Kakao an einem winterlichen Abend, begleitet von warmen Kuschelsocken, während Sie sich beispielsweise einen lustigen Film anschauen. Mit Heimat ist in dieser Hinsicht kein vertrauter Ort gemeint, falls Sie zuerst daran dachten, sondern bestimmte Gefühle, die Sie individuell mit Heimat verbinden. Zum Beispiel Geborgenheit, Vertrauen oder Wärme.

Solche harmonischen Momente sowohl in gemeinschaftlicher Atmosphäre als auch in Verbindung zu sich selbst voll und ganz zu genießen, ist nur dann möglich, wenn Sie Ihrem Kopf auch die Genehmigung erteilen, Ihre Konzentration auf das, was gerade ist, zu richten. Ohne, dass Sie in abschweifende Gedanken über Erledigungen des nächsten Tages oder die anstehende Prüfung in 2 Wochen versinken. Natürlich ist das eine Herausforderung, die nicht leicht zu meistern ist.

Doch, umso öfter wir uns daran gewöhnen, unsere unbewussten Ablenkungsmanöver zu durchschauen und sie aufs Neue mit purer Aufmerksamkeit zu ersetzen, desto leichter wird es für uns. Mit Geduld und Ausdauer einen Schritt vor den anderen zu tun, besonders bei größeren Zielen oder Vorhaben, lehrt uns die Achtsamkeit. Indem Sie mit Achtsamkeit gelernt haben, mehr Verständnis für sich selbst und Ihre

Umgebung zu entwickeln, können Sie gezielter selbst gesteckte Grenzen erweitern und Ihre Gedankenströme schneller in den Griff bekommen, was wiederum dazu führt, dass Sie weniger ängstlich oder nervös durch den Tag hindurchgehen. Achtsamkeit stärkt in jeder Hinsicht Ihr Mindset, genauer gesagt, die Qualität Ihrer Denkweise. Und eine achtsame Geisteshaltung gehört zu den Voraussetzungen für ein erfülltes Leben.

Dadurch sind Sie außerdem auch psychischen Belastungen besser gewachsen und können Ihre Emotionen leichter regulieren. Achtsamkeit im Alltag ist zudem besonders wichtig, wenn Sie es gewohnt sind, Aufgabe für Aufgabe zu erledigen und die endlosen To-dos Ihrer Checkliste so schnell wie möglich abhaken zu wollen. Viele Alltagssituationen sind nun mal anspruchsvoll, was schnell zu Überforderung führen kann.

Doch seien Sie sich bewusst, dass Sie jederzeit ein und denselben Tag ganz vollkommen unterschiedlich wahrnehmen können. Und für die Art Ihrer Wahrnehmung sind Sie verantwortlich. Im ersten Fall wachen Sie morgens bereits genervt auf, hetzen sich durch Ihren Tag und erledigen gestresst jede einzelne Aufgabe, die ansteht. Abends lassen Sie sich auf das Bett fallen und brauchen zunächst eine Weile, um einzuschlafen, da Sie schon wieder über die anstehenden Herausforderungen sowie Erwartungen des nächsten Tages grübeln.

Hört sich nicht so großartig an, nicht wahr? Dennoch bestimmt genau solch ein Ablauf größtenteils die Realität vieler Menschen. Doch das muss nicht so sein. Erinnern Sie sich doch an Ihre frühe Kindheit und an die damit verknüpfte Leichtigkeit und Verspieltheit, die Sie als Kind an jedem neuen Morgen mitgebracht haben.

Ja, auch das können Erwachsene wieder lernen. Die Achtsamkeit erinnert Sie daran, Ihr inneres Kind buchstäblich wiederzuerwecken. Nicht in Hinsicht der unreifen Kindlichkeit, sondern in Bezug auf die blühende Begeisterung, die eine Form der feinen Aufmerksamkeit darstellt.

Außerdem sind Kinder in hohem Ausmaß authentisch und intuitiv mit offenen Sinnen unterwegs, wobei sie nicht viel nachdenken, sondern spontan ihren Impulsen nachgehen. Und das können auch Sie wieder erlernen.

Denn, wenn Letzteres eintreffen sollte, wachen Sie im zweiten Fall morgens auf und üben Ihre kleine Morgenroutine aus, und zwar zum Beispiel ein paar tiefe

Atemzüge zu nehmen und, während Sie Ihr Zimmer lüften, für einen kurzen Moment aus dem Fenster zu schauen. Ja, das war es auch schon.

Denn wenn Sie den singenden Vögeln zuhören und die vorbeiziehenden Wolken am Himmel für einen Moment still beobachten, spüren Sie Ruhe und Klarsicht in Ihnen wachsen und können mit dieser Haltung hinaus in die Welt gehen. Das ist die Kraft Ihrer gezielten Aufmerksamkeit.

Und wann immer Sie wieder aus Ihrer Zentrierung kommen, besinnen Sie sich einfach wieder. Diese Augenblicke der Innenkehr können Sie auf den ganzen Tag verteilen, um frische Lebensenergie zu tanken. Sie werden schnell spüren, dass Ihr Stresspegel und Ihre Fehlerquote beim Ausführen von Erledigungen enorm sinken werden. Sie sind fokussierter und konzentrierter, weswegen Sie Ihren Alltag effektiver bewältigen können. Der zweite Fall klingt vielversprechender, nicht wahr? So viel erst einmal zur Wichtigkeit von Achtsamkeit.

Ein weiterer Grund, warum gelebte Achtsamkeit so viele Vorteile mit sich bringt, ist, dass Sie außerdem auch lernen, die Beziehung zu sich selbst zu pflegen. Wer achtsam lebt, übt Selbstachtung aus. Selbstachtung bedeutet, seine eigenen Bedürfnisse, Wünsche,

Werte und Standards wertzuschätzen und zu respektieren, indem diese klar definiert und kommuniziert werden. Achtsam zu leben bedeutet, die eigenen Versprechen einzuhalten. Gleichzeitig bedeutet es, sich selbst wie sein eigenes Kind zu behandeln. Mit viel Zuneigung, Liebe und Einfühlungsvermögen. Wie eine Mutter, die ihre Fürsorge sanft ausdrückt, und wie ein Vater, der mit seiner Unterstützung Mut macht. Und wer diese Selbstfürsorge tagtäglich trainiert, lernt ebenfalls, in den richtigen Momenten des Lebens „Ja" und in anderen Momenten wiederum „Nein" sagen zu können.

Fällt Ihnen ein, wann Sie das letzte Mal etwas hingenommen haben, obwohl Sie eigentlich einen deutlichen, inneren Widerstand verspürten, aber niemanden verletzen oder enttäuschen wollten? Dies signalisiert ein destruktives Muster in Ihnen. Genauso ist es, wenn Sie „Nein" sagen, obwohl Sie sich so sehr nach einem „Ja" sehnen, sich jedoch einfach nicht trauen, aus Ihrer Komfortzone herauszukommen. Auch das saugt an Ihrer Lebensenergie. Umso authentischer Sie sich der Welt öffnen und je treuer Sie Ihren persönlichen Werten bleiben, desto mehr verkörpern Sie Ihre nächstbessere Version, was wiederum die Welt zu einem besseren Ort macht! Ja, Sie lesen richtig, Sie haben die

Macht, diese Welt ein Stück lichtvoller zu gestalten. Und umso mehr Menschen dies tun, desto mehr prägen Besinnung und Zusammenklang die Realität.

Denn schlussendlich streben alle Menschen dasselbe an. Es ist die Liebe, die Gemeinschaft und die Harmonie, die dem Leben kostbare Flügel verleihen. Verschiedene Wege sowie unterschiedliche Sichtweisen und Ausdrucksformen führen in jeglicher Hinsicht zum selben Ziel. Und dieses ist die universelle Verbindung und das Urvertrauen. Achtsam zu leben, erinnert somit immer wieder daran, in sich heimisch zu werden und kann somit als wichtiger Wegweiser, genauer gesagt, als ausschlaggebender Kompass in Ihrem Leben dienen. So lernen Sie, in sich selbst einen Raum zu kultivieren, in den jederzeit zurückgekehrt werden kann, um Geborgenheit und Sinnlichkeit zu erfahren; um einfach anwesend zu sein – für Ihr Herz und für Ihre Seele. Und letztendlich, um Ihr verinnerlichtes Glück mit der Welt zu teilen.

Achtsamkeit zeigt Ihnen den Weg zurück zur Heimat Ihres Herzens.

WELCHE ACHTSAMKEITSÜBUN-
GEN GIBT ES?

Tagebuch führen, Meditation, Selbstreflexion, Atem-
übungen, positive Affirmationen, Gefühle fühlen,
Dankbarkeit, Vision-Boards, Sport, Yoga, tanzen, spazieren gehen, Wald-baden, barfuß laufen, gärtnern, beobachten, Morgen- und Abendroutinen, singen, Instru-
mente spielen, Musik hören, Stille genießen, malen,
schreiben, Digital Detox, lachen, intuitiv essen und ko-
chen, Bodyscan, Gewohnheiten ändern, Auszeiten, Berührung, Entschleunigung, Sinnesübungen, Massagen,
…

Sie sehen, es gibt eine Menge verschiedener Achtsamkeitsübungen, die Ihnen helfen können, Ihre Aufmerksamkeit gezielter zu fokussieren und standzuhalten.
Umso mehr Sie eine Übung genießen, desto besser
wird es funktionieren. Spricht Sie eine Methode besonders an, die Sie vielleicht gern ausprobieren möchten
oder gibt es bereits einige, die Sie ab und zu in Ihrem
Alltag ausüben?

Natürlich können Sie Achtsamkeit in jedem Moment integrieren, indem Sie einfach immer wieder Ihre
Aufmerksamkeit bewusst auf die Gegenwart lenken

und sich die Fähigkeit der urteilsfreien Beobachtung aneignen. Das können Sie auf dem Weg zur Arbeit oder auch vor dem Schlafengehen tun. Im Grunde genommen, geht es lediglich darum, sich wiederholte Male von der eigenen Ablenkung des jetzigen Momentes loszulösen und sich wieder zu zentrieren. Meistens hilft es dabei, die Verbindung von Geist und Körper mithilfe von den eben genannten und weiteren bestimmten Techniken zu stärken, sodass Sie Ihr Körpergefühl und Ihren inneren Raum bewusster wahrnehmen können.

Einige bezeichnen dies auch als „Erdung". Aus therapeutischer Sicht werden diese Techniken im Bereich „Body-Mind-Medizin" angewendet. Grundsätzlich kann Achtsamkeitstraining nur Vorteile und positive Effekte mit sich bringen, über welche Sie nun im weiteren Verlauf informiert werden.

AKTUELLE
FORSCHUNGSERGEBNISSE

Stressreduzierung & Entspannung
In einer kontrollierten Studie mit einer 10-tägigen Achtsamkeitspraxis, basierend auf einer Meditationen-App namens „Headspace", fanden Forscher heraus,

dass die Herzfrequenzvariabilität (HRV) während der Ausübung von Achtsamkeitsübungen, im Schlaf sowie 48 Stunden nach den 10 Tagen, deutlich erhöht war. Der HRV-Wert beschreibt die Schwankungen der Zeit zwischen jedem einzelnen Herzschlag. Je höher der Wert ist, desto entspannter ist der emotionale Zustand. Somit kann grob gesagt werden, dass eine HRV-Erhöhung als Maß für die Stressreduzierung gilt. Die Ergebnisse waren in diesem Fall eine Abnahme des wahrgenommenen Stresses sowie eine Zunahme der Achtsamkeit der Teilnehmer. Doch was genau bietet das Headspace-Programm denn an?

Die Teilnehmer der Studie übten eine intensive Meditationsübung aus und hörten dabei gleichzeitig instrumentale Musik. Sie konnten sich entweder für entspannende Konzentrationsmusik, binaurale Klänge oder für Klaviertöne entscheiden. Somit vereinten sie Meditation und Musik und bekamen die Aufgaben, sich auf folgende Kriterien zu fokussieren: das Bewusstwerden von Gedankenwandern, die gezielte Aufmerksamkeit auf ihre Atmung und ihren Körper sowie die Entwicklung einer urteilsfreien Haltung. Jedes Mal nach Unterbrechung der eigenen Ablenkung, was durch wiederholte Aufmerksamkeitslenkung und Zentrierung erreicht wurde, konnte eine erhöhte kognitive Kapazität festgestellt werden, die wiederum für eine länger anhaltende Aufmerksamkeit sorgte. Dies führte zu einer verringerten Anfälligkeit für Stress. Im Großen und Ganzen kann somit gesagt werden, dass durch einen erhöhten HRV-Wert psychologische Faktoren wie Arbeitsgedächtnis, Selbstkontrolle, Aufmerksamkeit sowie positive Effekte auf die Schlafqualität gefördert werden (2020, zitiert nach Kirk U, Axelsen JL).

PS: Übrigens gibt es einige kostenlose Headspace-Inhalte für Ihr Smartphone zum Freischalten.

Emotionale Regulation

Achtsamkeit beeinflusst auf erstaunliche Art und Weise emotionale Vorgänge, die vor allem unwillkürlich geschehen. Dies konnte in einer Untersuchung erkannt werden, in der unter Berücksichtigung eines Elektroenzephalogramms (EEG) die Auswirkungen des wiederholten Betrachtens negativer und neutraler Bilder gemessen wurden.

Zum einen unter Achtsamkeitsbewusstsein, zum anderen in Begleitung von Ablenkungsstrategien. Die elektrischen Gehirnwellen (LPP), die anhand blitzartiger Impulse beim Betrachten von Objekten auftreten, sind am höchsten, umso stärker die emotionale Verarbeitung ist. Die Teilnehmer dieser Studie schauten sich somit in beiden Fällen die gleichen negativ assoziierten und die gleichen neutralen Bilder an. Einmal mit konzentrierter und wertfreier Haltung und zum anderen weniger fokussiert, indem sie mental rückwärts zählten.

Das Endergebnis war, dass bei dem Zustand der Ablenkung die LPP-Komponente niedriger war als beim Zustand der Aufmerksamkeit. Insofern war die LPP-Komponente während der aufmerksamen Haltung höher als beim Zustand der Ablenkung. Jedoch verschwand der Unterschied nach drei Wiederholungen des Betrachtens und die Gehirnwellen senkten sich somit wieder.

Als Hypothese gilt hierbei, dass Achtsamkeit anfangs die emotionale Verarbeitung neuartiger Reize fördert sowie zusätzlich die emotionale Reaktion in Bezug auf negativ assoziierte Bilder im Lauf der Zeit schwächt (2016, zitiert nach Uusberg, H., Uusberg, A., Talpsep, T., Paaver, M.).

Achtsamkeit als präventive Maßnahme und Behandlungsmethode

In dieser Studie haben ältere Erwachsene mit leicht kognitiver Gedächtnisstörung (MCI), die häufig im späteren Verlauf zu Alzheimer führen kann, an einem speziellen Altenpflege-Programm teilgenommen. Dieses Programm wird auch als „Anpassung der achtsamkeitsbasierten Stressreduzierung" bezeichnet. Hierbei testeten Forscher die Auswirkungen auf Stress, Entzündungsfaktoren und Neuroplastizität. Übungen wie das achtsame Atmen, Förderung der sensorischen Wahrnehmung durch Sinnesübungen sowie das bewusste Ausführen von Bewegungen waren wichtige Bestandteile. Zum Schluss kam bei den Frauen und bei den Männern eine Senkung des Stresspegels und der Entzündungskomponente heraus.

Da Entzündungen mit Gehirnveränderungen einhergehen, die wiederum mit Erkrankungen wie z. B. Demenz verbunden sind, waren diese Endergebnisse von großer Bedeutung. Des Weiteren wurde eine erhöhte Neuroplastizität bei den Teilnehmern festgestellt. Die Neuroplastizität soll wiederum die altersbedingte Degeneration des Gehirns verringern und die kognitive Leistung sowie die Gedächtnisfunktion fördern (2020, zitiert nach Ng, T. K. S., Fam, J., Feng, L.,

Cheah, I. K. -M., Tan, C. T. -Y., Nur, F., Ho, R. C. -M.).

Im weiteren Verlauf werden unterschiedliche Techniken und Übungen in diesem Areal gründlich erläutert. Es folgen Anleitungen von spezifischen Methoden für gezielte Probleme, die Sie dann direkt ausprobieren und praktisch umsetzen können.

Achtsamkeit verstehen und lernen

PROBLEMANALYSE

Jetzt, da Sie so einiges über die vielfältigen Effekte von Achtsamkeitstraining erfahren haben, wollen Sie es bestimmt selbst erleben und bestätigen können. Das wäre doch was, nicht wahr? Bevor nun allerdings auf gezielte Achtsamkeitsstrategien eingegangen wird, werden zunächst einmal unterschiedliche Problemgebiete dargestellt.

In Anschluss daran können Sie auf angepasste Lösungskonzepte mit Auswahl an verschiedenen Übungen zugreifen. Ruhen Sie für einen Moment lang in sich und überlegen Sie, welche folglich genannten Probleme, Auffälligkeiten oder Symptome am meisten auf Sie zutreffen. Seien Sie sich bewusst, dass Sie nicht sofort an einem Burn-out-Syndrom leiden müssen, Ihnen jedoch trotzdem gewisse Begleitsymptome vertraut sein können. Umgekehrt genauso, wenn Sie sich träge oder motivationslos fühlen, ist das noch lange keine Diagnose einer Depression. Bleiben Sie generell während des Lesens offen.

Es kann gut sein, dass Sie sich in mehreren oder vielleicht sogar in allen Bereichen wiederfinden. Auch das ist in dem Fall absolut in Ordnung.

Hohes Stresslevel & Überforderung

• <u>Anzeichen, dass Sie davon betroffen sind:</u>

Haben Sie oft nur den nächsten Termin im Kopf? Und hetzen sich dabei von Ort zu Ort? Von Gedanken zu Gedanken? Sind Ihnen Hektik, Überforderung oder psychische Belastungen in Ihrer tagtäglichen Routine vertraut? Sind Sie dabei hohem Leistungsdruck ausgesetzt und gönnen sich nur wenige oder kaum Pausen?

Falls ja, dann leiden Sie höchstwahrscheinlich an dem so gewohntem, jedoch oft schädlichem Alltagsstress. Weitere Begleitsymptome sind diesbezüglich leichte Reizbarkeit, Grübeln, Nervosität, Unruhe, Ungeduld sowie Unzufriedenheit.

• Folgen:

Alle genannten Anzeichen können bei dauerhaftem Zustand zu schwerwiegenden Folgen führen. Eine Folge könnte beispielsweise Burn-out, das bekannte Erschöpfungssyndrom, sein. Anhaltender Stress kann die kognitive Funktionsleistung schwächen, sodass es zu Gedächtnisbeeinträchtigungen wie z. B. Aufmerksamkeits- und Konzentrationsstörungen sowie Vergesslichkeit kommen kann. Aber auch Schlafstörungen können zur andauernden Folge werden. Im hohen Ausmaß kann Stress grundsätzlich auch zu körperlichen Beschwerden führen. Dazu gehören häufig Kopfschmerzen, hoher Blutdruck, Schilddrüsenüberfunktion, Reizdarmsyndrom oder Herzrhythmusstörungen.

Vielleicht trifft etwas bereits auf Sie zu. Nun gut, dass Sie hier sind, um sich über die Bewältigung bezüglich Ihres Problems schlauzumachen!

Mangelnde Energie & Antriebslosigkeit

• <u>Anzeichen, dass Sie davon betroffen sind:</u>

Sie fühlen sich oft träge, lustlos und regelrecht ausgelaugt?

Sie kommen an manchen Tagen nur schwer aus dem Bett und fühlen sich motivationslos? Dinge, die Sie sonst normalerweise interessieren, verlieren so langsam ihre Bedeutung? Sind Sie oft scheinbar grundlos schlecht gelaunt? Und trotz ausreichendem Schlaf immer wieder müde? Fangen Sie Projekte an, bringen jedoch nicht ausreichend Durchhaltevermögen auf, um diese zu beenden?

Falls Sie die meisten Fragen mit einem „Ja" beantworteten, könnte jetzt ein guter Augenblick sein, um sich zu fragen, wohin Ihre restliche Lebensenergie denn nur verschwunden ist. Der Wiederentdeckung und Zurückeroberung Ihrer Vitalität widmet sich schon ganz bald der nächste Abschnitt des Ratgebers.

• <u>Folgen:</u>

Die eben genannten Symptome erinnern sehr schnell an einen depressiven Zustand. Tatsächlich kann der dauerhafte Zustand dieser Merkmale mit einer Depression einhergehen.

Andererseits können sich eine reduzierte

Leistungsfähigkeit, soziale Isolierung und das fehlende Gespür eigener Bedürfnisse nach einer Weile bemerkbar machen. Aus psychosomatischer Sicht können sich Beschwerden wie z. B. kalte Hände und Füße, niedriger Blutdruck, chronische Rücken- und Nackenschmerzen sowie eine Schilddrüsenunterfunktion zeigen.

Chronische psychosomatische Beschwerden

• Anzeichen, dass Sie davon betroffen sind:

Sie wissen, dass ein Beschwerdebild als chronisch angesehen wird, wenn die Schmerzen oder Symptome länger als 3 Monate kontinuierlich anhalten. Manchmal wird „chronisch" auch mit „psychosomatisch" gleichgesetzt, denn in beiden Fällen ist die körperliche Ursache bereits abgeheilt. Doch unser Gehirn verfügt über ein Schmerzgedächtnis. Es gibt Annahmen, die behaupten, dass tief unbewusst sitzende Blockaden ein Hindernis für die Schmerzbewältigung darstellen können.

Wenn Sie also unter lang anhaltenden Beschwerden leiden und vielleicht sogar verzweifelt sind, da Sie schon so viele Therapiemethoden ausprobiert haben, doch leider noch nichts so richtig geholfen hat, könnte es eventuell sein, dass Sie irgendein emotionales Thema innerlich beschäftigt.

Wie Sie unverarbeitete Gefühle in Form von

angestauter Energie in diesem Fall besser umwandeln und freilassen können, lernen Sie übrigens durch bestimmte Achtsamkeitstechniken, welche im nächsten Abschnitt des Ratgebers konkretisiert werden.

• <u>Folgen:</u>
Die Auswirkungen von Schmerzen, vor allem chronischen, sind unter anderem meist Müdigkeit, Schwäche oder auch Scham. Außerdem sind anhaltende Anspannung, abnehmende Leichtigkeit und Freude im Alltag nur einige weitere Begleiterscheinungen von Schmerzen.

Selbstverleugnung & Vernachlässigung

• <u>Anzeichen, dass Sie davon betroffen sind:</u>
Fühlen Sie sich in irgendeinem Abschnitt Ihres Lebens stagniert oder ausgebremst? Wünschen Sie sich schon lange eine Veränderung in Ihrem Leben, doch trauen sich einfach nicht so richtig, aus der Komfortzone herauszukommen? Haben Sie schon öfter die Erkenntnis gemacht, sich selbst unbewusst sabotiert zu haben?

Geben Sie Ihren wahren Bedürfnissen und Wünschen genug Aufmerksamkeit oder spüren Sie vielleicht eine verdrängte Sehnsucht, von der Sie sich mithilfe destruktiver Muster ablenken wollen? Können Sie Ihr zur Verfügung stehendes Potenzial ohne Probleme ausschöpfen oder liegt es gegebenenfalls unter gewissen Ängsten, Sorgen oder Zweifeln beinahe vergessen und begraben?

• <u>Folgen:</u>

Umso länger solche Anzeichen ignoriert werden, desto eher entsteht ein Mangel an Selbstbestimmtheit und Authentizität im Leben. Daraus resultiert meistens eine abnehmende Lebensfreude. Umso höher allerdings der Grad an psychischer Belastung ist, desto früher sollte sich ein Therapeut des bestehenden Problems annehmen, sodass eine professionelle Hilfe genutzt werden kann.

Im folgenden Abschnitt werden Übungen und Tipps im Bereich der Achtsamkeit erläutert, die schlichtweg als unterstützende Ergänzung in Betracht gezogen werden können._Es ist immer eine Bereicherung und sinnvolle Kombination zugleich, wenn sich Betroffene selbst helfen lernen und ebenso fachgerechte Beratung annehmen._Im Grunde genommen, haben die meisten zuvor erwähnten Probleme denselben Ursprung, nur in anderen Ausdrucksformen. Und zwar spiegeln die verschiedenen Ausdrucksformen in jeder Hinsicht mangelnde Lebensenergie wider. Lebensenergie wird demgemäß bei Unaufmerksamkeit und Zerstreuung entzogen. Im Kern geht es nun bei allen Problemen darum, die eigene Vitalität und Dynamik wieder zum Leben erwecken zu lassen, und das auf verschiedene Art und Weise. Dafür ist Achtsamkeitstraining der perfekte Schlüssel.

LÖSUNGSKONZEPTE MIT ÜBUNGEN

Die folgenden Lösungskonzepte bestehen an erster Stelle aus verschiedenen Beispielen möglicher **Ursachen** Ihres Problems, an zweiter Stelle aus einem **Reflexionsteil mit Fragen** zur Selbstkonfrontation und anschließend aus einem **praktischen Umsetzungsteil**.

Um ein Problem lösen zu können, ist es zu Beginn vorteilhaft, an den Ursprung Ihres Problems zu gelangen, denn nur, wenn Sie die mysteriösen Kompensationsmechanismen Ihres Unterbewusstseins verstehen lernen, können Sie diese aus eigener Kraft auflösen und in achtsame Routinen transformieren. Erst dann haben die Übungen, die Sie vollbringen, den größten und stärksten Effekt! Die folgenden Übungen vermitteln Ihnen einige Lösungswege, welche Ihnen dabei behilflich sein können, Ihre Probleme Schritt für Schritt in die Hand zu nehmen. Natürlich müssen Sie nicht jede einzelne Übung sofort ausprobieren oder strikt verfolgen. Auch in diesem Fall steht Ihnen voll und ganz zu, tief in sich hinein zu spüren und intuitiv die Übung zu wählen, die Ihrem Körper und Ihrem Geist am meisten zusagt. Und das, wann und wo immer Sie auch möchten.

Hören Sie auf Ihr Herz. Die Übungen sollen in jeder Hinsicht die mentale, emotionale und körperliche Verbindung zu Ihnen persönlich vertiefen und stärken, was wiederum schon ein unfassbar effektives Mittel gegen jegliche Art von psychischen Problemen bereitstellt.

Hohes Stresslevel & Überforderung

• Ursachen:

Zu den gängigen Ursachen von Selbstüberforderung gehören meist das krampfhafte Streben nach Anerkennung und Akzeptanz, Prüfungs-, Zukunfts- und Versagensängste, mangelnde Selbstzufriedenheit, die Angst, nicht gut genug zu sein, mit dem Kompensationsmechanismus: „Ich muss alles perfekt machen", hohe Selbstkritik sowie die Unfähigkeit, auch einmal „Nein" zu sagen.

• Reflexion:

– In welchen Momenten fallen Ihnen selbstzerstörerische Handlungsweisen auf, die Sie nahezu dazu bringen, Ihre eigenen Grenzen weitaus zu überschreiten?

– Seit wann ist Ihnen die Bestätigung anderer Menschen wichtiger als Ihr seelisches Wohlbefinden?

– Könnte es sein, dass Sie Ihr Selbstwertgefühl von Ihrer Leistungskompetenz abhängig machen?

Falls Sie mit einigen oder sogar mit allen Fragen in Resonanz getreten sind, dann wären folgende Übungen ratsam für die Aufarbeitung Ihres Problems:

• Achtsamkeitstraining: Fokus auf Erholung & Feinfühligkeit

1. Tastsinn stärken

Haben Sie schon einmal einfach so einen Stein, eine Kugel oder ein anderes kleines Objekt in Ihrer Hand gehalten und sich behutsam und andächtig darauf konzentriert, die Fähigkeit Ihrer Fingerkuppen zu spüren und zu intensivieren – am besten noch mit geschlossenen Augen?

Nein? Na dann, ist es höchste Zeit dafür! Schnappen Sie sich einen Stein, welchen Sie in der Tasche aufbewahren können, und nehmen Sie ihn heraus, wann immer Sie eine Alltagspause brauchen. Versuchen Sie, das Material des Steins möglichst bewusst zu erspüren. Fühlen Sie sich bewusst hinein und kommen Sie ins Hier und Jetzt.

Diese Übung hilft vor allem bei Kopflastigkeit und rasenden Gedanken.

2. Erdungsübung: „Barfuß laufen"

Ziehen Sie Ihre Schuhe und Socken aus und spazieren Sie für 5 Minuten in der Wohnung barfuß herum! Tun Sie das so langsam wie möglich. Am besten schließen Sie auch hier Ihre Augen. Schalten Sie störende Geräusche in Ihrer Umgebung aus und üben Sie diese Übung in der Stille aus. Konzentrieren Sie sich auf das, was Sie unter Ihren Füßen wahrnehmen. Wenn es nicht unbedingt kalt und regnerisch draußen ist, dann probieren Sie diese Übung gern auch in einem Park oder Garten aus. Meistens spüren Sie dann noch viel mehr und die Übung macht sogar Spaß. Barfuß zu laufen sorgt für die Zentrierung des Geistes und für ein gesteigertes Körperbewusstsein.

3. Meditation

Eine effektive Achtsamkeitsübung ist die klassische Meditation. Sie können diese am Abend vor dem Schlafengehen oder auch am Morgen ausführen. Zu Beginn setzen Sie sich auf einen Stuhl oder auf einer bequemen Couch, wo Sie ungestört meditieren können. Finden Sie zunächst Ihre optimale Sitzhaltung. In fernöstlichen Regionen werden Meditationen im sogenannten Lotussitz ausgeführt. Wenn Sie sich aber in einer anderen Sitzposition wohler fühlen, ist das absolut in Ordnung.

Wenn Sie Ihre gemütliche Stellung gefunden haben, schließen Sie sanft Ihre Augen.

Und nun nehmen Sie ein paar große und tiefe Atemzüge und fokussieren Ihre Aufmerksamkeit gezielt auf Ihre Atmung und die Wahrnehmung Ihres Körpers. Lassen Sie Ihre Gedanken förmlich wandern, ohne an ihnen haften zu bleiben. Selbst, wenn es mal nicht so gut funktioniert, machen Sie einfach weiter. Spüren Sie Verspannungen im Körper und fangen Sie an zu lauschen. Registrieren Sie, was Sie in diesem Moment fühlen und brauchen. Begegnen Sie sich selbst auf tieferer Ebene und erlauben Sie sich, einfach loszulassen. Ob Sie die Meditation für 30, 10 oder 3 Minuten ausführen, bleibt Ihnen völlig überlassen. Sie werden bemerken, dass Sie nach einer achtsamen Innenkehr mehr Leichtigkeit und Entspannung spüren, selbst wenn diese nur wenige Minuten gedauert hat.

4. Nichtstun

Genau, tun Sie doch einmal gar nichts. Selbst die stille Meditation ist in dem Fall etwas, was Sie bewusst anwenden. Doch bei dieser „Übung" fokussieren Sie sich einzig und allein darauf, nichts zu machen. Vor allem an sehr stressigen Tagen können solche Besinnungsmomente Wunder bewirken!

• Lernthemen:

Alle vier genannten Übungen stärken Ihre körperliche sowie geistige Verbindung zu sich selbst und fördern gleichzeitig den Zugang zu Ihrer Selbstwahrnehmung. Diese geerdete Haltung in Begleitung geistiger Präsenz stärkt wiederum Ihre persönliche Empfindungsfähigkeit oder auch Ihr Gespür. Damit wiederum können Sie klarer eigene Grenzen erkennen und setzen lernen und somit Ihren Bedürfnissen mehr Aufmerksamkeit schenken. Sie nehmen so Frühwarnzeichen sowohl Ihres Körpers als auch Ihrer Psyche rechtzeitig wahr. Daraufhin können Sie einer weiteren Grenzüberschreitung in Form von Selbstüberforderung entgegentreten, lernen, gezielt Pausen einzulegen, und gönnen sich entsprechend nötige Erholungsphasen.

„Die Frage ist nicht, ob es ein Leben nach dem Tod gibt.
Die Frage ist, ob du vor dem Tod lebendig bist."
– Osho

Mangelnde Energie & Antriebslosigkeit

• Ursachen:

Verbreitete Ursachen sind hierbei Bewegungs- und Schlafmangel, Grübeln über die Vergangenheit sowie die Angst, nicht gut genug zu sein, mit dem Kompensationsmechanismus: „Ich vermeide es, Aufgaben anzugehen, um nicht bewertet zu werden". Die Angst vor Sichtbarkeit und Empfänglichkeit kann ebenfalls eine Rolle spielen. Oftmals ist es auch die Selbstverleumdung in Form selbst betrügerischer Verhaltensweisen, wie z. B. das Stellen fremder Bedürfnisse vor die eigenen. Perfektionismus, die Unwissenheit über eigene

Vorhaben sowie unverarbeitete Emotionen sind hierbei nicht selten von Bedeutung.

• <u>Reflexion:</u>

— Was macht Sie wirklich glücklich? Was wollen Sie und was nicht?

— Seit wann haben Sie aufgehört, auf Ihre innere Stimme zu hören, und angefangen, die Wahrheit anderer Leute zu verkörpern?

— Vor welchen Ängsten rennen Sie mit welchen Ablenkungsstrategien davon?

— Wenn Sie wüssten, dass rein gar nichts schieflaufen könnte, was würden Sie tun?

- Achtsamkeitstraining: Fokus auf Aktivität & Energetisierung

1. Qi-Gong-Technik: „Freier Atem"

Probieren Sie es gern mit dieser Atemübung aus. Sie streichen 7- bis 10-mal mit Ihren Zeigefingern seitlich der Nasenflügel. Dies regt an, tiefer durchzuatmen und schenkt Ihnen frische Energie und Klarheit. Die Übung können Sie jederzeit und an jedem Ort machen, wann immer Sie sich schlapp oder unkonzentriert fühlen. Wichtig ist hierbei die Aufmerksamkeit auf den Atem.

2. Die Wim-Hof-Methode

Schon mal von der Wim-Hof-Methode gehört? Diese lässt sich in 3 Schritte unterteilen. Sie können entweder alle kombiniert ausführen oder Sie suchen sich einfach eine gewünschte Übung aus.

– Atemübung

Wenn Ihnen die vorherige Atemübung nicht ausgereicht hat und Sie etwas mehr Schwung und Dynamik benötigen, versuchen Sie es gern mit der Atemmethode nach Wim Hof. Diese Übung können Sie jedoch weniger an jedem Ort ausprobieren, da sie sehr energetisch wirken kann. Beim Autofahren oder an öffentlichen Orten sollte die Übung nicht ausgeführt werden. Legen Sie sich am besten gemütlich in Rückenlage auf

Ihr Bett. Atmen Sie tief entspannt ein und ruhig wieder aus. Achten Sie darauf, in Ihrem Bauch und nicht in Ihrem Brustkorb einzuatmen. Dies wiederholen Sie 30-mal. Wenn Ihnen zu Beginn 10 bis 15 Wiederholungen ausreichen, ist das vollkommen in Ordnung. Nach dem letzten tiefen Atemzug atmen Sie die gesamte Luft vollständig wieder aus und halten den nächsten Atemzug so lange, wie es sich für Sie gut anfühlt. Dann atmen Sie wieder tief ein und halten auch hier kurz inne, solange es angenehm ist. Und dann wieder loslassen und ausatmen.

Diesen Vorgang können Sie gern dreimal durchlaufen. Aber bereits der erste Vorgang erfüllt Sie mit frischer Energie.

– **Yoga/Gymnastik**

Im Grunde genommen, bewegen Sie sich nach der ersten Runde einmal ausgiebig. Was Sie genau machen, spielt keine so große Rolle. Hauptsache, Sie dehnen sich ausgiebig und folgen instinktiv Ihren Bewegungsimpulsen.

– **Kalte Dusche**

Wenn Sie zu den Menschen gehören, die es lieber warm mögen, dann ist diese Übung vielleicht nichts für Sie. Allerdings ist ein Kältekick sehr effektiv, wenn Sie

Ihre geistige Leistungsfähigkeit steigern und Ihrem Körper einen ordentlichen Energieschub verpassen möchten! Sie können es auch schnell machen, denn der Effekt wird trotzdem eintreten.

3. Das japanische Wald-Baden

Kurz erklärt sind es, ganz einfach, Spaziergänge! Nur finden diese im Wald statt. Der Natur nah zu sein und dabei all seine Sinne förmlich aktivieren zu lassen, tut der Seele gut. In Japan ist dies bereits eine etablierte Therapieform und eine durchaus anerkannte Stress-Management-Methode. Wenn Sie nicht gerade einen Wald neben Ihrer Wohnlage haben oder keine Zeit, einen weiteren Weg in Anspruch zu nehmen, können Sie als Alternative auch mal die Straße oder den Park in der Nähe benutzen. Essenziell ist in jedem Fall, dass Sie voll und ganz im Moment bleiben und Ihr äußeres Umfeld genau beobachten und wahrnehmen.

- Lernthemen:

Ein Ziel, welches die eben genannten Übungen gemeinsam haben, ist die Ankurbelung und Steigerung Ihrer Lebensenergie, Vitalität, Leistungsfähigkeit sowie Konzentration. Und dies mithilfe intuitiver Bewegung, tiefer Atmung und der kraftvollen Natur.

„Wo immer du bist, sei ganz dort."

– Eckhart Tolle

Chronische und psychosomatische Beschwerden

- Ursachen:

Jedes Symptom deutet auf eine andere emotionale Thematik hin.

Die Sprache der Seele kann sich durch verschiedene körperliche Symptome ausdrücken. Meistens immer dann, wenn sie über eine längere Zeit hinweg ignoriert wurde.

Migräne und Kopfschmerzen treten bei einigen auf, wenn sie sich beispielsweise zu sehr überarbeitet haben.

Ohrgeräusche oder Tinnitus entwickeln sich aus psychosomatischer Sicht oft bei Menschen, die den äußeren Lärm um sich herum verinnerlicht haben und sich selbst wahrhaft nicht mehr „hören" können.

Verdauungsbeschwerden können in einigen Fällen auf unverarbeitete Themen hindeuten. Chronische Nacken- und Rückenschmerzen weisen hingegen auf Sorgen und psychische Belastungen hin.

- Reflexion:
– Welche wiederkehrenden Symptome treten bei Ihnen auf? Wo und zu welchem Zeitpunkt?
– Und wann haben sich diese zum ersten Mal spürbar gemacht? Gab es in der Phase einen wichtigen Wandel in Ihrem Leben?
– Wenn Ihre Beschwerde sprechen könnte, was glauben Sie, würde sie Ihnen sagen wollen? Welche Geschichten, Bilder oder Szenen kommen in Ihnen hoch, wenn Sie ganz gefühlsmäßig nachfragen, warum sich Ihr Schmerz oder Symptom bemerkbar macht?
– Könnte es sein, dass Sie womöglich Angst vor Veränderungen haben und an etwas Vergangenem festhalten?

Die Fragen präsentieren verschiedene Interpretationsmöglichkeiten. Nicht jede Aussage muss auf Sie und Ihr Symptom zutreffen. Viel wichtiger ist es, auf Ihr Gefühl zu achten und wahrzunehmen, ob andere Fragen, Eindrücke oder Erkenntnisse offenbart werden, die wiederum bedeutende Hinweise geben können.

- Achtsamkeitstraining: Fokus auf Akzeptanz & Intuition

1. Meditationsübung: „Body-Scan"

Beachten Sie, dass Sie bequem sitzen, und schließen Sie zu Beginn sanft Ihre Augen.

– Fangen Sie an, tief ein- und auszuatmen.

– Nehmen Sie das Wandern Ihrer Gedanken wahr und widmen Sie sich jedes Mal wieder der vollständigen Aufmerksamkeit auf Ihren Körper.

– Beginnen Sie mit Ihren Füßen. Spüren Sie den Boden oder die Unterlagen und nehmen Sie Ihre Fußsohle und Ihre Zehen bewusst wahr.

– Gehen Sie dann weiter zu Ihren Unterschenkeln, dann zum Knie und anschließend zu Ihren Oberschenkeln. Spüren Sie in jede Körperregion hinein. Nehmen Sie jegliche Empfindungen wahr, ohne sie mit dem Verstand zu bewerten.

– Kommen Sie danach zu Ihrem Bauch. Atmen Sie tief

in den Bauch hinein und spüren Sie, wie sich die Bauchdecke wiederholt hebt und senkt. Wie fühlt sich Ihre Bauchregion an, während Sie hineinatmen?

– Fühlen Sie sich anschließend in Ihren Rücken hinein. Ist Ihre Rückenmuskulatur angespannt und fest oder weich und locker? Atmen Sie auch hier bewusst in dieses Gebiet hinein.

– Dann sind Ihr Brustkorb, Ihre Arme und Schultern an der Reihe. Spüren Sie auch hier nacheinander in jede einzelne Region hinein.

– Zum Schluss lassen Sie Ihre Gesichtsmuskeln ganz entspannen und achten auf weitere Sinneseindrücke.

– Öffnen Sie anschließend wieder Ihre Augen und atmen Sie noch ein letztes Mal tief ein und aus.

Überprüfen Sie, wie Sie sich nach der Übung fühlen. Das Ziel dieser Übung ist es, weder die Schmerzlinderung noch andere, sofort spürbare Effekte zu erreichen. Im Grunde genommen, geht es hier schlicht und einfach darum, die Anzeichen, die der Körper vermittelt, zu registrieren. Sich nicht dagegen zu sträuben, sondern anzunehmen, was kommt, und loszulassen, was wieder geht. Dieser Body-Scan ist eine Kurzversion, die ungefähr 10 bis 15 Minuten dauert. Die Originalversion dauert 45 Minuten, die Sie bei Bedarf kostenlos im Internet finden.

2. Meditationsübung: „Schmerzforschung"

Suchen Sie sich zu Beginn wieder eine gemütliche Sitzposition aus oder legen Sie sich hin.

– Schließen Sie Ihre Augen und nehmen Sie ein paar kräftige Atemzüge.

– Fühlen Sie in Ihren Körper hinein und wandern Sie mit Ihrer Aufmerksamkeit zur Schmerzregion.

– Wo befindet sich der Schmerz genau? Wie fühlt sich der Schmerz an? Wenn Sie den Schmerz visualisieren könnten, wie würde die Form aussehen? Rund oder kantig, groß oder klein? Wie stark ist der Schmerz auf einer Skala von 1 bis 10? Ist es ein pulsierender, lokaler, globaler oder stechender Schmerz? Spüren Sie Hitze oder Kälte, Ziehen oder Krampf?

– Ändern sich die Intensität und das Volumen des Schmerzes im Laufe Ihrer Wahrnehmung? Können Sie sich dem Schmerz annähern und sich dann wieder distanzieren? Spüren Sie einen Unterschied?

– Wie ist Ihr Verhältnis zu Ihrem Schmerz? Haben Sie eine offene Haltung und empfangen den Schmerz liebevoll oder sind Sie schnell gereizt und genervt, wenn sich der Schmerz äußert? Vielleicht können Sie versuchen, eine Verbindung zu Ihrem Schmerz aufzubauen, indem Sie ihn begrüßen und Fragen stellen wie z. B.: „Hallo Schmerz, ich höre dich. Ich sehe dich. Ich fühle dich. Wie geht es dir? Was möchtest du mir sagen?" Laden Sie den Schmerz ein, sich auszudrücken. Vermitteln Sie, dass es in Ordnung ist, wenn er bleibt. Er darf Raum einnehmen. Selbst, wenn es erst einmal schwer ist, versuchen Sie dieses Mal, innezuhalten und einfach zu sein. Nehmen Sie mit reiner Achtsamkeit an, was ist. Verweilen Sie für einige Augenblicke in dieser empfänglichen Haltung.

– Nun können Sie noch einmal tief in sich hineinspüren. Was hat sich verändert? Was hat geholfen und was tat Ihnen gut? Was war heilsam? Was können Sie von dem Schmerz lernen und mitnehmen?

Nehmen Sie die Antworten zur Kenntnis und atmen Sie noch ein letztes Mal tief ein und aus, bevor Sie anschließend Ihre Augen wieder öffnen.

3. Berührung:
Eine unglaublich balsamische Achtsamkeitsübung ist die reine Berührung in jeder Form. Seien es Massagen, Körpertherapie oder liebevolle Gesten nahestehender Menschen wie z. B. eine feste Umarmung. Die gesundheitsfördernden und schmerzlindernden Effekte von achtsamer Berührung sind schon lange

wissenschaftlich bewiesen. Umso aufmerksamer und präsenter Sie währenddessen sind, desto stärker der Genuss sowie die Entspannung und letztendlich die Wirkung. Nun denn, lassen Sie Ihren Körper doch öfter mal verwöhnen!

• Lernthemen:

Diese Achtsamkeitsübungen bringen Ihnen bei, sich von dem zwanghaften Ziel, endlich beschwerdefrei zu werden, loszulösen und sich stattdessen in Akzeptanz und Freiheit zu üben. Außerdem wird die Beziehung zu Ihrem Körper gestärkt und Sie lernen neue Wege kennen, achtsam und liebevoll mit Ihren Beschwerden umzugehen.

„Du kannst die Wellen nicht stoppen, aber du kannst lernen zu surfen." – Jon Kabat-Zinn

Selbstverleugnung & Vernachlässigung

• Ursachen:

Oft gibt es unverarbeitete Traumata, vielleicht auch ein verletztes inneres Kind aus der Vergangenheit, die im späteren Verlauf des Lebens zu destruktiven Denk- und Verhaltensmustern führen können. Fremdbestimmung, Stagnation sowie die Unterdrückung der eigenen Potenziale entstehen aus einem Mangel an Selbstvertrauen und Sicherheit heraus.

• <u>Reflexion:</u>
— Fühlen Sie sich in einem Lebensbereich festgefahren?
— Wie sieht Ihre Beziehung zu Ihrem inneren Kind aus?
— Tun Sie das, was Sie wollen, oder schieben Sie Ihre Wünsche immer wieder hinaus?
— Können Sie sich oft nur schwer entscheiden?
— Wie sieht Ihr Umgang mit Ihren Emotionen aus?

Häufiges Verdrängen und Projizieren auf andere sind beispielsweise unvorteilhafte Umgangsformen. Haben Sie das Gefühl, Sie könnten für sich selbst mehr Mitgefühl, Zuversicht und Selbstliebe entwickeln, um Ihr Leben entschlossener und selbstbestimmter in die Hände nehmen zu können? Falls ja, könnten die nächsten Achtsamkeitsübungen Sie dazu inspirieren.

• <u>Achtsamkeitstraining: Fokus auf Heilung & Selbsthilfe</u>

1. Emotional-Release-Technik: „Die Sedona-Methode"

Diese Technik, entwickelt von Hale Dwoskin, vermittelt einen sehr effektiven Weg, um einen gesunden Umgang mit seinen negativen Gefühlen und Gedanken zu erlernen. Im Großen und Ganzen ist es wie eine Art Meditation, nur, dass es dabei 4 Fragen gibt, die Sie innerlich der Reihe nach beantworten. Sie können sich diese gern von einer anderen Person vorlesen lassen. Voraussetzung ist, dass Sie bei Ausübung dieser Methode noch in Ihren starken Gefühlswallungen involviert sind, denn diesen wollen Sie ja mithilfe der Fragen auf den Grund gehen.

Schließen Sie zu Beginn Ihre Augen und atmen Sie gern ein paar Mal tief ein und aus. Dann beantworten Sie folgende Fragen:

– Können Sie dieses Gefühl in diesem Moment akzeptieren?

– Könnten Sie dieses Gefühl jetzt loslassen – nur für diesen Moment?

– Würden Sie dieses Gefühl loslassen?

– Wann?

Selbst wenn Sie die negativen Gefühle nicht auf

Anhieb loslassen können, können Sie die Fragen einfach mehrmals wiederholen, bis Sie so langsam entspannter werden. Und dann probieren Sie es einfach noch einmal. Sie wissen, dass Sie am leichtesten loslassen können, wenn Sie sich in Akzeptanz üben.

2. Dankbarkeit fördern
Dankbarkeitsliste mit positiven Affirmationen

Wussten Sie, dass wir unsere Realität mit der Kraft unserer Gedanken beeinflussen können? Dass hinter unseren Gedanken eine magische Kraft steckt, welche sich Manifestation nennt?

Dass Fülle in Form von Selbstlob und Zufriedenheit nur andere Ausdrucksformen von Fülle an sich ziehen kann? Dass Unsicherheit und Angst hingegen einen inneren Mangel aussenden, der wiederum nur den Mangel im Außen verstärken kann? Umso bewusster und achtsamer Sie Ihre Gedankenwelt pflegen, desto mehr Erfüllung und Freiheit erleben Sie in Ihrem Leben! Probieren Sie zum Beispiel, eine persönliche Dankbarkeitsliste am Morgen aufzuschreiben und fühlen Sie dabei in sich hinein. Wenn positive Gedanken mit positiven Gefühlen verbunden werden, verdoppelt sich die heilsame Wirkung!

Sie können zum Beispiel so anfangen:

- „Danke Leben, dass ich heute aufgewacht bin."
- „Danke für meinen Körper, der mich bedingungslos liebt und jeden Tag sein Bestes gibt, um mich fit und gesund zu halten."
- „Danke, dass ich ein Dach über mir habe, gefolgt von einem gefüllten Kühlschrank und kuscheligen Klamotten."
- „Danke für meine Lieblingsmenschen, die mich unterstützen und an meiner Seite sind."
- „Danke für alle meine erreichten Ziele und für alle, die ich in Zukunft noch erreichen werde."
- „Danke für den großen Segen in meinem Leben."
- „Mein Leben ist ein Wunder und ich bin erfüllt."
- „Ich werde geliebt und dafür bin ich dankbar."
- „Danke für die Liebe, die mir das Leben mit jedem einzelnen Atemzug meines Körpers gibt."
- „Danke für ..."

Sie können weitere Sätze, die Ihnen einfallen, gern ergänzen. Wenn das Schreiben nicht Ihr Ding ist, können Sie sich auch gern Affirmationen in Form von einer geführten Meditation anhören.

Dankbarkeitsglas

Unbezahlbare Glücksmomente in einem Highlight-Glas aufzubewahren, ist eine weitere Methode, um Ihre Dankbarkeit zu fördern. Sie können diese Übung beispielsweise ein ganzes Jahr lang ausführen. Sie schreiben nämlich auf kleinen Zettelchen schöne Erlebnisse sowie Erfolge auf und schauen sich diese erst wieder am Ende des Jahres an. Dabei spüren Sie die ganze Energie der Freude und Fülle noch einmal in verstärkter Form. Aber schon während Sie Ihr Glas Schritt für Schritt mit den Zetteln ausfüllen, stärkt sich die Dankbarkeit und Vorfreude für zukünftige „Highlights".

3. Übung mit dem inneren Kind

Wenn Sie ein verletztes inneres Kind in sich tragen aufgrund traumatischer Ereignisse aus der Vergangenheit, könnten Sie sich oft noch machtlos oder hilfsbedürftig fühlen. Vielleicht stecken bis heute in Ihnen negative Glaubensmuster, die Ihr Glück blockieren oder sabotieren. Spüren Sie für diese Übung erst einmal tief in sich hinein und versuchen Sie, Ihre versteckten negativen Glaubensmuster ausfindig zu machen.

Schreiben Sie sich diese gern auf. Was Sie dann tun, ist, diese Sätze umzuformulieren! Und zwar in das absolute Gegenteil! Umso tiefer Sie sich gefühlsmäßig auf die Schwingung dieser Formulierung einlassen und umso öfter Sie diese wiederholen, desto schneller werden Sie es schaffen, Ihre alten Muster aufzulösen und sie durch heilsame Gedanken zu ersetzen.

Zum Beispiel:

Altes Glaubensmuster: „Ich traue mir Erfolg nicht zu, da ich denke, dass ich nicht gut genug bin."

Neues Glaubensmuster: „Ich verdiene und ziehe Erfolg in meinem Leben an, da ich voller Liebe bin."
Oder von: „Ich bin unmotiviert und habe Angst anzufangen", zu: „Ich lasse mir die Zeit, um mich vorzubereiten, und fange dann mit Geduld und Achtsamkeit an."

Dies sind Beispielsätze, die Sie übernehmen können, wenn diese auf Sie zutreffen. Wenn nicht, denken Sie sich gern Ihre eigenen aus.

• Lernthemen:
Bei diesen Achtsamkeitsübungen geht es förmlich darum, Ihre Selbstliebe zu fördern! Indem Sie lernen, alte Glaubensmuster umzuprogrammieren und Ihr kreatives Schöpfungspotenzial zu aktivieren, können Sie sich endlich trauen, Ihr wahres Selbst nach außen hin

zu leben.

Sie lernen außerdem, zu sich selbst zu stehen, sich in Selbstachtung zu üben und das zu machen, was Sie aus tiefstem Herzen wirklich wollen. Weitere lebensverändernde Auswirkungen sind Unabhängigkeit, ein gesunder Gefühlsumgang, emotionale Regulation, Vergebung sowie Heilung von Traumata.

„Gefühle kommen und gehen wie Wolken am Himmel. Das achtsame Atmen ist mein Anker im Hier und Jetzt."
– Thich Nhat Hanh

Achtsamkeit verkörpern und leben

6-WOCHEN-UMSETZUNGSPLAN

„Buddhistische Daily-Detox-Challenge"

Nun haben Sie sich viele verschiedene Achtsamkeitsübungen angeschaut und vielleicht auch schon ausprobiert. Jetzt können Sie gern Ihre Lieblingsübungen aus dem Ratgeber oder auch andere Methoden, die Sie kennen, in die folgende Challenge einbeziehen. Lassen Sie sich in nur wenigen Schritten erklären, wie Sie nun endlich Ihr Leben aktiv in die Hände nehmen und Ihre Transformationsreise beginnen können. Vielleicht wissen Sie noch nicht, welche Übungen für Sie die richtigen sind. Kein Problem, denn die Challenge bietet Ihnen verschiedene Wege an, um sich voll und ganz auszuprobieren, sodass eine eigene Achtsamkeitsroutine entwickelt werden kann. Lassen Sie Ihrer Kreativität und Intuition freien Lauf.

Außerdem werden Sie lernen, festgefahrene Gewohnheiten loszuwerden, daher der Name „Daily Detox", und diese mit gesunden Verhaltensweisen in Form wohltuender Achtsamkeitsübungen zu ersetzen. Zusätzlich beantworten Sie bestimmte Fragen und spüren tief in sich hinein, wodurch Sie sich selbst besser kennenlernen und den Zugang zu Ihrem Geist sowie zu Ihrem Körper stärken. Lassen Sie sich inspirieren und tauchen Sie in die Welt der Achtsamkeit ein.

In den folgenden 6 Wochen dürfen Sie sich 3 verschiedene Achtsamkeitsroutinen ausdenken. Keine Sorge, zu Beginn erscheint die Anforderung vielleicht hochgesteckt, doch Sie werden Schritt für Schritt während des Prozesses begleitet und können Ihre individuellen Wünsche und Ideen mit der Challenge zweifellos in Einklang bringen, sodass Sie Ihren persönlichen Weg gehen können. Die Challenge bereitet Sie nur darauf vor und dient lediglich als Unterstützung der Umsetzung Ihrer Ziele.

Nun können Sie auch schon anfangen. Zu Beginn stellen Sie sich folgende drei Fragen. Bereiten Sie gern ein Blatt Papier und Stift vor und schreiben Sie Ihre Antworten auf.

1) Welches **Problem** nehmen Sie mit? Welches Problem möchten Sie mithilfe der Challenge lösen? (z. B. hoher Stress, Überforderung, Schlafprobleme, mangelnde Motivation, Trägheit, Stimmungsschwankungen, Unzufriedenheit, bestimmte Ängste, Schmerzen, ...)

2) Welches **Ziel** setzen Sie sich für die Challenge? Was möchten Sie konkret nach der Challenge erreicht haben? (z. B. mehr Entspannung, Erholung, besserer Schlaf, Motivation, Ausgeglichenheit, Zufriedenheit, gesunder Umgang mit Ängsten oder Schmerzen, ...)

3) Für welche **Qualität** der neun buddhistischen Geisteshaltungen haben Sie sich vorher entschieden? Welche Qualität zog Sie magisch an, sodass Sie sich diese bis jetzt gemerkt und eventuell aufgeschrieben haben? Könnte es sein, dass diese Qualität Ihnen eventuell bei der Problemlösung behilflich werden könnte?

Die letzte Frage wurde Ihnen gestellt, da Sie möglicherweise bereits intuitiv nach der Lösung Ihres Problems gesucht und Sie diese auf die ausgesuchte Qualität projiziert haben.

Nun können Sie sich bewusst für 2 weitere Qualitäten entscheiden, bei denen Sie das Gefühl haben, dass die Förderung dieser Qualitäten ebenfalls bei der Bewältigung Ihres Problems und der Erreichung Ihres Zieles nützlich sein könnte. Die 9 Geisteshaltungen sind noch einmal zusammengefasst: Anfängergeist, Nicht-Urteilen, Akzeptanz, Nicht-Streben, Sein-Lassen, Geduld, Vertrauen, Dankbarkeit und Großzügigkeit.

Wenn Ihnen vielleicht eine andere Eigenschaft einfällt, zu der Sie jedoch eine starke Resonanz verspüren, können Sie auch diese nehmen (zum Beispiel: Leichtigkeit, Humor, Mitgefühl, ...). Wichtig ist hierbei, dass Sie Ihre Antworten während der Ausführung der Challenge möglichst nicht ändern, um Ihren Fokus zu bewahren. Selbst wenn Sie mehrere Antworten auf die Fragen haben, versuchen Sie, sich auf das Wichtigste zu beschränken, sodass Sie konzentrierter dranbleiben können.

Nun, nachdem Sie die Grundfragen beantwortet haben, werden Sie lernen, basierend auf Ihrem gewählten **Problem** Ihr festgelegtes **Ziel** sowie auf den **3 Geistesqualitäten** eine individuelle Achtsamkeitspraxis zu betreiben.

Kein Grund zur Überforderung, denn die einzelnen Schritte werden Ihnen genauestens mitgeteilt. Sie bekommen sogar eine kompakte und gründliche Vorlage anhand eines Fallbeispiels. Bei der Entwicklung Ihrer eigenen Routinen können Sie sich jederzeit daran orientieren. Ideenübernahmen, wenn Sie diese inspirieren sollten, sind natürlich auch gestattet.

Bevor nun jedoch das Fallbeispiel erläutert wird, gibt es erst einmal eine zweite Fragerunde. Gern wieder Blatt und Stift parat halten. Lassen Sie sich gern für einen längeren Moment Zeit, da die nächsten Fragen etwas tiefgründiger sind. Schauen Sie sich vorerst Ihre ausgesuchten Geistesqualitäten nun genauer an. Die kommenden Fragen stellen Sie sich insgesamt dreimal hintereinander und beantworten sie jedes Mal mit dem Fokus auf eine andere Qualität, die Sie sich ausgesucht haben. Eine Antwort pro Frage reicht aus.

1) Welche von Ihnen gelebten Muster, Strukturen oder Glaubens- und Verhaltensweisen sabotieren die Verkörperung dieser Qualität in Ihrem Alltag? Oder anders gefragt: Welche Strategien und Handlungen müssten von Ihnen aktiv eliminiert und vermindert werden, um die folgende Qualität mit mehr Leichtigkeit in Ihrem Leben verkörpern zu können?

2) Welche gesunde Verhaltensweise in Form einer Achtsamkeitsübung könnte Ihnen helfen, die Qualität bewusst in Ihrem Alltag zu integrieren?

Somit sollten Sie nun **3 toxische Muster** gefunden sowie **3 behilfliche Achtsamkeitsübungen** gewählt haben, aus denen Sie anschließend **3 verschiedene Routinen** entwickeln, die sie jeweils für 2 Wochen ausüben können. Falls Sie eine Routine dabei länger oder kürzer ausüben wollen, ist das natürlich in Ordnung. Wichtig ist, dass Sie Ihre Zeitangaben festlegen, um eine geordnete Struktur zu bewahren. Die hier vorgegebenen Zeitangaben können als Orientierungshilfe genutzt werden. Falls Sie zu Beginn nur eine oder zwei Routinen ausüben wollen, ist das natürlich auch in Ordnung. Bleiben Sie dabei nur Ihrem Plan treu.

Das Ziel der Challenge:

Der Fokus liegt darauf, negativ assoziierte Gewohnheiten loszuwerden und diese durch gesunde Achtsamkeitsübungen zu ersetzen, sodass neue, positiv assoziierte Gewohnheiten entstehen können. Dabei beziehen Sie die Übungen auf die Geistesqualitäten, die Sie sich ausgesucht haben, da Sie bei Förderung dieser Merkmale gleichzeitig aktiv an der Lösung Ihres Problems arbeiten. Das wiederum führt Sie schlussendlich näher zu Ihrem gewünschten Ziel nach Ablauf der Challenge. Gleichzeitig werden Ihnen ebenfalls Fragen in Bezug auf Wochenrückblicke sowie einem Reflexionsteil am Ende der Challenge angeboten, um Ihnen die Möglichkeit zu geben, den Prozess tiefgreifender verarbeiten zu können. Dadurch vertiefen Sie Ihr gelerntes Wissen und festigen Ihr Praktizieren.

Eine wichtige „Faustregel" gilt es, während der gesamten Challenge zu beachten: Die Tage, an denen Sie es nicht geschafft haben, Ihre festgelegte Routine auszuführen, werden als „Lückentage" bezeichnet. Diese schreiben Sie sich jedes Mal auf und zählen sie am Ende zusammen. Die gesamte Anzahl der Lückentage nutzen Sie nach Ablauf der 6 Wochen, um an diesen nachfolgenden Tagen Ihre Lieblingsroutine oder bei Bedarf mehrere Routinen kombiniert auszuführen!

Natürlich wäre es effektiv, wenn Sie nach der Challenge so oder so mit Ihren liebsten Achtsamkeitsmethoden weitermachen, jedoch gilt dies als Motivationskick für Sie!

Denn egal, wie diszipliniert Sie die Challenge beginnen, Sie werden bestimmt durch gestresste Arbeitstage oder aus anderen Gründen Ihre Routine verpassen oder im wahrsten Sinn ignorieren. Natürlich ist das nicht schlimm und gibt keinen Grund zur Sorge.

Verurteilen Sie sich nicht, denn solche Tage sind vollkommen in Ordnung und menschlich. Wichtig ist nur, dass Sie Ihre Routine wirklich für 2 Wochen ausüben.

Das heißt, wenn es Lückentage gibt, verlängern Sie die Tage so oft, bis Sie auf die 14 Tage gekommen sind und dann mit der nächsten Routine beginnen können.

Das Ziel dieser Challenge ist es nicht, die Routinen perfekt in konsequenter Weise auszuführen, sondern eine bewusste Selbstfürsorge zu trainieren und dabei auch am besten Spaß zu haben!

FALLBEISPIEL ZUR ORIENTIERUNGSHILFE

Die fiktive Anna hat häufig **Einschlafschwierigkeiten** und einen sehr leichten Schlaf, der sie beeinträchtigt. Sie wünscht es sich, endlich erholsam und fit am Morgen aufzuwachen und sehnt sich nach **tiefem Schlaf.** 3 passende Geistesqualitäten, die sie zur Problemhebung intensiver ausbauen könnte, wären das **Sein-Lassen, Nicht-Streben und Vertrauen.**

1. Qualität: Sein-Lassen

Ein toxisches Muster, welches die Verkörperung des Sein-Lassens blockiert, wäre bei Anna das nächtliche **Grübeln.**

Gesunde Verhaltensweisen in Form von Achtsamkeitsübungen, um das Gedankenkreisen zu lindern, wären zum Beispiel eine **Atemmeditation** vor dem Schlafengehen, tägliche **Spaziergänge** in der Natur oder die eigenen Gefühle mithilfe eines **Journals** zu reflektieren, um weniger kopflastig und mehr zentriert zu werden.

2. Qualität: Nicht-Streben

Ein weiteres destruktives Muster, welches es zu eliminieren gilt, wären die **zu hohen Ansprüche,** die Anna an ihre Zukunft stellt. Gesunde Verhaltensweisen, die das Nicht-Streben fördern könnten, wären beispielsweise geführte **Dankbarkeitslisten, positive Affirmationen** oder einfach mal **Nichtstun**, damit Anna lernt, sich weniger auf die Zukunft, sondern mehr auf die Gegenwart zu fokussieren.

3. Qualität: Vertrauen

Ein nächstes ungesundes Muster, welches Anna ablegen möchte, ist das Vernachlässigen ihrer eigenen Bedürfnisse, da sie sehr nach Anerkennung strebt. Vor allem auf der Arbeit macht sie oft **Überstunden** und tut sich schwer damit, Grenzen zu setzen. Sinnvolle Achtsamkeitsübungen hierbei wären der **Body-Scan**, andere **Sinnesübungen** sowie bewusst eingelegte **Pausen**, sodass Anna ihr Körperbewusstsein stärken und ihre eigenen Bedürfnisse besser wahrnehmen kann.

Zusammenfassend könnte die erste Routine in den ersten zwei Wochen für Anna so aussehen, dass sie versucht, weniger zu grübeln und stattdessen mehr meditiert, spazieren geht oder Tagebuch schreibt. In den nächsten zwei Wochen fokussiert sich Anna darauf, ihre Ansprüche an sich selbst zu senken und übt sich hingegen in Dankbarkeit sowie in Selbstlob und tut manchmal einfach mal gar nichts. In den letzten 2

Wochen nimmt sich Anna weniger Überstunden vor oder, wenn sie mal viel zu erledigen hat, sucht sie sich achtsam Pausen aus, in denen sie die Body-Scan-Methode und weitere Sinnesübungen ausführt.

Anna hat an insgesamt 10 Tagen ihre Routine verpasst und verschoben und nimmt sich somit im Anschluss der Challenge für die weiteren Tage vor, die abendliche Meditation sowie die Dankbarkeitsliste und die bewusst eingelegten Pausen weiterzuführen, da diese Methoden ihr am meisten geholfen haben, entspannter zu werden und sogar besser zu schlafen. Das Sein-Lassen und Vertrauen konnte sie im Lauf der Zeit immer besser in ihren Alltag integrieren. Nur noch das Nicht-Streben fällt ihr noch immer schwer, da sie sehr zielstrebig und ehrgeizig ist. Sie versucht jedoch weiterhin, daran zu arbeiten und durch Achtsamkeit im Hier und Jetzt zufriedener zu werden.

In diesem Fallbeispiel wurden bewusst mehrere Beispiele für verschiedene Achtsamkeitsübungen genannt, um für Sie als Inspirationsquelle zu dienen. Für Ihre persönliche Achtsamkeitspraxis reicht es aus, wenn Sie sich für jede Routine eine Übung aussuchen. Wenn Sie jedoch zwei oder drei Übungen kombinieren möchten, dann tun Sie das gern. Fühlen Sie sich in dieser Hinsicht frei, das zu wählen, was Sie sich wünschen.

LEITFRAGEN ZUR EIGENREFLEXION

Teil 1: Regelmäßiger Wochenrückblick

Nach jeder Woche stellen Sie sich die folgenden Fragen. Lassen Sie sich Zeit und schreiben Sie die Antworten gern auf.

1) Was haben Sie die Woche gut gemacht? Was haben Sie erfolgreich gemeistert? Worauf sind Sie stolz? Was hat gut funktioniert?

2) Was haben Sie die Woche nicht so gut gemacht? Was haben Sie nicht geschafft? Was hat weniger funktioniert? Können Sie sich vergeben, wenn etwas nicht nach Ihrem Plan gelaufen ist?

3) Welche Veränderungen haben Sie in dieser Woche gemerkt? Was für Effekte und Auswirkungen haben Sie gespürt oder spüren Sie noch immer? Hatten Sie besondere Erkenntnisse oder Erlebnisse, die Sie festhalten möchten?

4) Was möchten Sie nächste Woche in Ihrer Routine besser machen? Worauf möchten Sie Ihren Fokus stärker lenken? Was möchten Sie aus dieser Woche in die nächste Woche mitnehmen?

Teil 2: Reflexion nach der Challenge

Diese Fragen stellen Sie sich zum Schluss, nachdem Sie die Challenge gemeistert haben:

1) Was hat im Großen und Ganzen gut funktioniert?

2) Und was nicht so gut?

3) Worin haben Sie sich verbessert? Wofür sind Sie dankbar?

4) Worauf möchten Sie in Zukunft mehr achten?

5) Was ist Ihre Lieblingsroutine geworden? Welche Achtsamkeitsübung/en hat oder haben Ihnen am meisten gefallen und/oder auch am meisten geholfen?

6) Spüren Sie einen Unterschied vor und nach der Challenge? Spürte Ihr Umfeld vielleicht auch Veränderungen? Wenn ja, welche?

7) Welche geistige/n Qualität/en wurden am meisten durch die Challenge in Ihnen gefördert? Welche Qualität bräuchte eventuell weiterhin Förderung?

8) Welche Schlussfolgerung ziehen Sie aus Ihren gemachten Erfahrungen? Was haben Sie gelernt und verinnerlicht? Was nehmen Sie mit und möchten Sie weiterhin zu einem Bestandteil Ihres Lebens machen?

TIPPS ZUR SELBSTMOTIVATION

Es ist eine mutige Entscheidung, Achtsamkeit als Wegweiser zu benutzen, um das Leben eigenständig zum Positiven zu transformieren. Falls es dem einen oder anderen zu Beginn schwerfällt, den inneren Schweinehund zu überwinden, gibt es hier ein paar aufbauende Tipps zum Starten. Jedoch auch diejenigen, die sich lediglich damit schwertun, diszipliniert am Ball zu bleiben, können sich folgende Hinweise zu Herzen nehmen.

Struktur & Management
Wenn Sie nun Ihr individuelles Achtsamkeitstraining starten wollen, dann achten Sie unbedingt auf eine gute Planung! Ein festgelegter Zeitplan und eine

Checkliste, in der Sie nach jeder vollendeten Übung ein Häkchen notieren können, bringen Routine und Ordnung mit sich, die Sie benötigen, um sich nicht zu verzetteln.

Realistisch bleiben

Nehmen Sie sich Ihre Ziele vor, keine Frage. Aber vergessen Sie nicht, Prioritäten zu setzen und überfordern Sie sich dabei nicht. Die meisten Menschen sprudeln zu Beginn eines neuen Projektes nur vor Motivation, allerdings oft auch vor Selbstüberschätzung, und sind dann im Nachhinein enttäuscht, wenn Sie nicht sofort sichtbare Ergebnisse bemerken. Haben Sie Geduld mit sich und fangen Sie klein an. Sie können auf jeden einzelnen, noch so winzigen Schritt stolz sein!

Die passenden Übungen heraussuchen

Sie sind ein Mensch, der beim Meditieren immer wieder herumzappelt oder, im Gegenteil, sogar einschläft? Ja, Letzteres gibt es tatsächlich. Dann halb so schlimm! Sie müssen sich keinesfalls zwingen, etwas zu tun, nur, weil es eventuell andere Menschen in Ihrem Umfeld machen. Vertrauen Sie auf Ihr Herz und entscheiden Sie sich dann lieber für eine kraftvolle Vinyasa-Yoga-Einheit! Bei der Achtsamkeit geht es darum, in den inneren Flow-Zustand zu gelangen, um mit dem Moment voll und ganz zu verschmelzen, und Sie entscheiden hierbei selbst, wie dieser Moment für Sie aussehen soll. Mit dieser Einstellung wird Ihnen Motivation garantiert!

Belohnung

Und zwar nach jeder einzelnen Einheit. Jedes Mal, wenn Sie Ihren inneren Schweinehund nörgeln hören, sagen Sie ihm überzeugend, dass er ganz bald ein leckeres Stück Schokolade essen darf oder das nächste spannende Buchkapitel verschlingen darf. Doch jetzt nur für einen kurzen Moment durchhalten!

Pausen

Genau, auch das ist sehr wichtig. Erlauben Sie sich ruhig mal eine Auszeit und tun Sie auch mal gar nichts. Sie müssen nicht in jeder Sekunde produktiv sein. Im Gegenteil, je mehr Erholungsphasen Sie sich gönnen, desto mehr tanken Sie frische Lebensenergie, die Sie für Ihre Selbstmotivation gebrauchen können.

Tagebuch führen

Schreiben Sie sich gern auf, welche Wirkungen Sie nach Ihrem Waldspaziergang oder Ihrer Atemübung gespürt haben und bewahren Sie diese auf. Notieren Sie sich jeden einzelnen Erfolg. Außerdem können Sie auch besondere innere Erlebnisse oder Erkenntnisse, die Sie vielleicht während einer Meditation hatten, aufschreiben.

Dankbarkeit

Dafür, dass Sie sich Zeit für sich genommen haben. Dafür, dass Sie Ihre Versprechen, Schritt für Schritt, einhalten. Dafür, dass Sie sich liebevoll und fürsorglich um sich selbst kümmern.

Kombination mit Hobbys & Interessen

Sie sind leidenschaftliche/e Tänzer/in? Dann fügen Sie intuitiven Improvisationstanz Ihrem Achtsamkeitsprogramm hinzu! Oder Sie sind leidenschaftliche/r Maler/in? Dann malen Sie doch gern regelmäßig am Abend ein Mandala aus, wenn Ihnen das mehr Freude bereitet. Oder hören Sie Ihre Lieblingsmusik, während Sie Naturspaziergänge ausführen.

Spontaneität & Freiheit

Natürlich sind Routine und Struktur wichtig und sorgen dafür, dass alles seinen ordentlichen Lauf hat. Doch zu viel davon engt uns ein und schwächt unsere Motivation. Also ändern Sie ruhig etwas an Ihrem Plan oder tauschen Sie Einheiten miteinander aus, wenn Sie Lust auf etwas anderes haben. Manchmal ist es auch motivierend, keinen Plan zu haben und einfach auf seine Intuition zu hören. Eine gute Balance ist immer der Schlüssel zur Lösung.

Gemeinschaft

Überreden Sie Ihre/n besten Freund/in beim Achtsamkeitstraining mitzumachen! So motivieren Sie sich gegenseitig und können sich austauschen. Wenn das nicht klappt, gibt es auch die Möglichkeit, sich mit einer Online-Gruppe zu verknüpfen, welche dieselben Ziele und Interessen verfolgt. Die richtige Community um sich herum zu haben, anstatt sich kritische Bemerkungen von anderen anzuhören, tut Ihrer Seele mehr als nur gut. Achten Sie somit unbedingt auf ein wohltuendes Umfeld.

Reflexion und Auflösung von Blockaden

Versuchen Sie, selbst sabotierende Verhaltensweisen aufzudecken, wie z. B. Prokrastination, und konfrontieren Sie sich mit Fragen. Sie werden bei tiefer Selbstanalyse häufig spüren, dass Ihnen innere Zweifel und Ängste im Weg stehen. Je schneller Sie diese entdecken, desto besser können Sie diese auflösen. Üben Sie sich daher in Selbsthilfe, indem Sie Ihren Emotionen Gehör verleihen, sich positive Affirmationen bereitlegen oder ein Gespräch mit nahestehenden Menschen suchen. Sie werden sich höchstwahrscheinlich im Anschluss energischer und motivierter fühlen.

Visualisierung

Entwerfen Sie Ihr eigenes einzigartiges Vision-Board! Suchen Sie sich nur Bilder heraus, die Sie tatsächlich beflügeln und an schweren Tagen leichter aus dem Bett locken. Wenn das nicht hilft, schauen Sie sich doch gern einige Motivationsvideos oder antreibende Filme an.

Superfood

Wussten Sie, dass Ernährung Ihre Denkweise und Leistungsfähigkeit beeinflussen kann? Im Positiven wie im Negativen? Nein? Dann probieren Sie es aus! Weniger Fast Food und Süßigkeiten, welche Sie nur träge machen, und mehr frisches Obst und Gemüse. Zu beliebten Energie-Boostern und Stimmungsaufhellern gehören unter anderem Kurkuma, Zitrone, Ingwer, Nüsse, Avocado, Waldbeeren sowie Datteln und Matcha-Tee. Es gibt aber noch weitere Lebensmittel, die Ihnen auf natürliche Art und Weise mehr Energie und Positivität schenken.

Nicht aufgeben

Und hiermit der letzte und wichtigste Tipp: Es zählt nicht, wie oft Sie es nicht geschafft haben, Ihre Routine ordentlich hinzubekommen, sondern, was ausschlaggebend zählt, ist, wie oft Sie am nächsten Tag weitergemacht haben! Fehlschläge gehören zum Leben dazu und sollten akzeptiert werden. Verzeihen Sie sich somit selbst für die Tage, an denen es Ihnen an ausreichender Lust oder Energie mangelte. Es ist vollkommen in Ordnung und menschlich. Klopfen Sie sich jedes Mal liebevoll auf die Schulter und fangen Sie geduldig wieder an, wenn Sie sich bereit fühlen.

Wenn Sie mal Schwierigkeiten haben, dauerhaft am Ball zu bleiben, seien Sie trotzdem unendlich stolz auf jeden einzelnen Schritt, den Sie gegangen sind und weiterhin gehen, denn vor allem der erste Schritt, egal, in welchem Prozess, ist niemals der einfachste! Und seien Sie nicht zu kritisch zu sich selbst, wenn mal etwas nicht sofort nach Ihrer Vorstellung funktioniert. Perfektionismus ist häufig ein Begleitsymptom der Versagensangst. Sie sind hier jedoch nicht, um Ihre Leistungsfähigkeit zu beweisen, sondern einzig und allein, um Ihnen persönlich aus Selbstliebe heraus etwas Schönes zu schenken. Und das ist Zeit; Zeit für sich selbst; für jeden einzelnen Moment, in dem die pure Aufmerksamkeit in Ihnen wohnen und Raum einnehmen durfte, haben Sie Ihrer Seele und Ihrem Herzen ein großes Geschenk in Form heilsamer Schwingungen reiner Selbstliebe gemacht. Lassen Sie sich von dieser Liebe in Ihnen weiterhin begeistern und antreiben.

Wie ein Neugeborenes, welches zum ersten Mal das kristallklare Licht der Welt erblickt, so soll auch die wohltuende Achtsamkeit Sie jedes Mal daran erinnern, die Welt und das Leben als magisches Phänomen zu erblicken. Und das größte Wunder dabei können Sie jederzeit bestaunen.

Denn das sind Sie selbst.

„Wir haben nur diesen gegenwärtigen Moment, nur diesen einzigartigen und ewigen Augenblick, der sich vor unseren Augen öffnet und entfaltet, Tag und Nacht."

– Jack Kornfield

Herstellung und Verlag:

BoD – Books on Demand, Norderstedt

ISBN: 9783753473161

© Johanna Frei 2021

1. Auflage

Kontakt: Psiana eCom UG/ Berumer Str. 44/ 26844 Jemgum

Covergestaltung: Fenna Larsson

Coverfoto: depositphotos.com